BEI GRIN MACHT SICH IHR
WISSEN BEZAHLT

- Wir veröffentlichen Ihre Hausarbeit,
  Bachelor- und Masterarbeit

- Ihr eigenes eBook und Buch -
  weltweit in allen wichtigen Shops

- Verdienen Sie an jedem Verkauf

Jetzt bei www.GRIN.com hochladen
und kostenlos publizieren

Bibliografische Information der Deutschen Nationalbibliothek:

Die Deutsche Bibliothek verzeichnet diese Publikation in der Deutschen National-bibliografie; detaillierte bibliografische Daten sind im Internet über http://dnb.d-nb.de/ abrufbar.

Dieses Werk sowie alle darin enthaltenen einzelnen Beiträge und Abbildungen sind urheberrechtlich geschützt. Jede Verwertung, die nicht ausdrücklich vom Urheberrechtsschutz zugelassen ist, bedarf der vorherigen Zustimmung des Verlages. Das gilt insbesondere für Vervielfältigungen, Bearbeitungen, Übersetzungen, Mikroverfilmungen, Auswertungen durch Datenbanken und für die Einspeicherung und Verarbeitung in elektronische Systeme. Alle Rechte, auch die des auszugsweisen Nachdrucks, der fotomechanischen Wiedergabe (einschließlich Mikrokopie) sowie der Auswertung durch Datenbanken oder ähnliche Einrichtungen, vorbehalten.

Impressum:

Copyright © 2016 GRIN Verlag, Open Publishing GmbH
Druck und Bindung: Books on Demand GmbH, Norderstedt Germany
ISBN: 9783668463745

Dieses Buch bei GRIN:

http://www.grin.com/de/e-book/367938/trainingsplanung-ausdauertraining-ent-wicklung-und-steigerung-der-grundlagenausdauer

Maria Stahl

Trainingsplanung Ausdauertraining. Entwicklung und Steigerung der Grundlagenausdauer, Körperfettreduktion

GRIN Verlag

GRIN - Your knowledge has value

Der GRIN Verlag publiziert seit 1998 wissenschaftliche Arbeiten von Studenten, Hochschullehrern und anderen Akademikern als eBook und gedrucktes Buch. Die Verlagswebsite www.grin.com ist die ideale Plattform zur Veröffentlichung von Hausarbeiten, Abschlussarbeiten, wissenschaftlichen Aufsätzen, Dissertationen und Fachbüchern.

Besuchen Sie uns im Internet:

http://www.grin.com/

http://www.facebook.com/grincom

http://www.twitter.com/grin_com

Deutsche Hochschule für

Prävention und Gesundheitsmanagement

Hermann Neuberger Sportschule 3

66123 Saarbrücken

Einsendeaufgabe

Fachmodul: Trainingslehre II

Studiengang: Bachelor Gesundheitsmanagement

Datum

Präsenzphase: 19.12. – 21.12.2016

Name, Vorname: Stahl, Maria

Studienort: **Frankfurt am Main**

Semester: **WS 2015**

Inhaltsverzeichnis

1 Teilaufgabe 1 - Diagnose

1.1 Allgemeine und biometrische Daten

Tab.: 1 Allgemeine und biometrische Daten der Testperson (eigene Darstellung).

Alter	20
Geschlecht	Weiblich
Körpergröße	1,62 Meter
Körpergewicht	54 Kilogramm
Trainingsmotive	Fettreduktion, Stressabbau, verbesserte Kondition
Berufliche Tätigkeit	Studentin
Frühere sportliche Aktivitäten	2003 – 2013 reiten (1-2x in der Woche)
Aktuelle sportliche Aktivitäten	Seit 2013 Krafttraining (2-3-mal in der Woche) mit systemischer Trainingsplanung, 1-mal pro Woche Intervall Ausdauertraining 60 Minuten auf dem Laufband.
Zeitlicher Verfügungsrahmen	3-4-mal pro Woche
Körperfettanteil	24,1 %
Muskelmasseanteil	39,5 %
Blutdruck	Systolischer Blutdruck: 123mmHg/ diastolischer Blutdruck: 81mmHg
Ruhepuls	65 S/min
Allgemeiner Gesundheitszustand	Es besteht eine gute allgemeine Fitness und die Testperson hat keine auffälligen Beschwerden.
Sonstige gesundheitliche Einschränkungen	Keine Einschränkungen vorhanden.

Der Blutdruck der Testperson liegt bei 123/81 mmHg. Betrachtet man nun die Normwerte der dargestellten Tabelle 2 ist deutlich zu erkennen, dass der Blutdruck als ein normaler eingestuft werden kann. Somit liegt keine Gefahr in Bezug auf das Ausdauertraining vor.

Tab.: 2: Blutdruck Normwerte (modifiziert nach onmed.de)

	systolisch (mmHg)	diastolisch (mmHg)
optimaler Blutdruck	< 120	< 80
normaler Blutdruck	120-129	80-84
hoch-normaler Blutdruck	130-139	85-89
milde Hypertonie (Stufe 1)	140-159	90-99
mittlere Hypertonie (Stufe 2)	160-179	100-109
schwere Hypertonie (Stufe 3)	>= 180	>= 110

1.2 Leistungsdiagnostik/ Ausdauertestung

1.2.1. Begründung des gewählten Fahrradergometertests

Die Testperson befindet sich in einem allgemeinen guten Gesundheitsstatus und weißt keinerlei Einschränkungen auf. Daher wird für den Ausdauertest auf dem Fahrradergometer der Hollmann-Venrath-Test ausgewählt. Der Hollmann-Venrath-Test ist für durchschnittlich bis gut trainierte Personen geeignet, denen eine Belastbarkeit von mindestens 150 Watt zugetraut werden kann. Da die Testperson schon über mehrere Jahre Trainingserfahrung hat und in ihrem Trainingsplan bereits Ausdauereinheiten intrigiert hat, kann man davon ausgehen, dass sie die Voraussetzungen für den Test erfüllt.

1.2.2 Durchführung und Darstellung des Testverlaufs

Bei dem Hollmann-Venrath-Test wird mit einer Eingangsbelastung auf dem Fahrradergometer von 30 Watt begonnen, welche alle drei Minuten um 40 Watt gesteigert wird. Die Trittfrequenz beträgt circa 60 bis 80 Umdrehungen pro Minute. Dabei wird nach jeder Minute die Herzfrequenz gemessen und notiert. Dies erfolgt bis zum Ermüdungsabbruch beziehungsweise bis die zuvor ermittelte Pulsobergrenze von 150 S/min erreicht wird. Zur Ermittlung der Pulsobergrenze werden die Parameter der Ruheherzfrequenz und ausdauerrelevanten Aktivität in Betracht gezogen. Laut IPN liegt die Pulsobergrenze für ein Alter von 20 Jahren und einer Ruheherzfrequenz von 65 S/min, bei 145 S/min. Da wöchentlich noch über eine Stunde Sport gemacht wird, erfolgt ein Pulsaufschlag von 5 S/min. Somit ergibt sich die Pulsobergrenze von 150 S/min (Trunz, 2001; IPN 2004, S. 4).

Tab.: 3 Durchführung Hollmann-Venrath-Test (eigen Darstellung).

Zeit	Wattstufe	Herzfrequenz	Belastungsstufe
Minute 1	30 Watt	83 S/min	I
Minute 2	30 Watt	85 S/min	I
Minute 3	30 Watt	89 S/min	I
Minute 4	70 Watt	92 S/min	II
Minute 5	70 Watt	93 S/min	II
Minute 6	70 Watt	94 S/min	II
Minute 7	110 Watt	103 S/min	III
Minute 8	110 Watt	105 S/min	III
Minute 9	110 Watt	106 S/min	III
Minute 10	150 Watt	129 S/min	IV
Minute 11	150 Watt	131 S/min	IV
Minute 12	150 Watt	133 S/min	IV
Minute 13	190 Watt	159 S/min	V

Die Testpersonen erreichte ihre Pulsobergrenze von 150 S/min, als die Belastung auf 190 Watt gesteigert wurde. Die vierte Belastungsstufe mit 150 Watt konnte komplett durchfahren werden, die fünfte Stufe musste jedoch abgebrochen werden.

Somit ergibt sich eine Wattleistung von 150 Watt. Bei einem Körpergewicht von 54 Kg ergibt sich eine relative Wattleistung von 2,78 Watt/Kg Körpergewicht. Laut Normtabelle für submaximale Radergometertests liegt dies genau zwischen einer guten bis sehr guten Ausdauerleistungsfähigkeit. Durch dieses Ergebnis kann auch ein Intensitätsfaktor zur Berechnung der empfohlenen Trainingsherzfrequenz anhand der Normtabelle abgeleitet werden, dieser liegt bei 0,67 (IPN 2004, S. 8).

1.3   Gesundheits- und Leistungsstatus der Person

Eine Eingangsuntersuchung bei einem Sportarzt fand vor dem Eingangsgespräch statt. Aus dieser Untersuchung geht hervor, dass die Testperson keine orthopädischen, sowie internistischen Probleme aufweist. Des Weiteren nimmt die Testperson keine Medikamente ein. Nach allgemeiner Betrachtung ist zu sagen, dass die Testperson keine Beeinträchtigungen aufweist und somit im vollem Umfang, was das Training angeht, belastbar ist.

2 Teilaufgabe 2 – Zielsetzung/Prognose

Tab.: 4 Zielsetzung der Testperson (eigene Darstellung).

Inhalt	Ausmaß	Zeit
Wattleistung pro Kilogramm verbessern (Verbesserung der Ausdauer)	+ 0,2 W/Kg – Hollmann-Venrath-Test	6 Wochen
Körperfettreduktion	- 2% – Tanita Waage	6 Wochen
Stressabbau	Von einer 8 auf eine 5 nach der Skala des subjektiven Empfindens	6 Wochen

Die Kundin hat die Trainingsmotive Fettreduktion, Verbesserung der Kondition, sowie Stressabbau. Deshalb wurden die Inhalte der Zielsetzung genau auf die Motive abgestimmt. Die Verbesserung der Kondition wird daran gemessen, dass innerhalb der sechs Wochen eine Verbesserung von plus 0,2 Watt pro Kilogramm Körpergewicht bei dem Hollmann-Venrath-Test erreicht werden soll. Die Körperfettreduktion von minus 2%, was eine Reduktion von 1,14 Kilogramm bei einem Gewicht von 54 Kg entspricht wird Anhand der Tanita Waage gemessen. Des Weiteren soll der Stressfaktor von einer acht auf eine fünf laut der Skala von eins (sehr gut) bis zehn (sehr schlecht) des subjektiven Empfindens erreicht werden. Die Kundin weist keine gesundheitlichen Probleme auf, daher sollten auch keine Probleme bei der Zielerreichung innerhalb des Mesozyklus (6 Wochen) auftreten.

3 Teilaufgabe 3 – Trainingsplanung Mesozyklus

3.1 Grobplanung Mesozyklus

Tab.: 5 Grobplanung Mesozyklus (eigene Darstellung).

Dauer	6 Wochen
Trainingsziel	Entwicklung und Steigerung der Grundlagenausdauer, Körperfettreduktion
Belastungsumfang pro Woche	2-4 Stunden
Trainingsmethoden	Extensive Dauermethode Intensive Dauermethode Variable Dauermethode
Trainingsintensitäten	40 % $Hf_{Reserve}$ (regenerativ) 55-60 % $Hf_{Reserve}$ (extensiv Dauermethode) 65-75 % $Hf_{Reserve}$ (intensive Dauermethode) 65-75 % $Hf_{Reserve}$ (variable Dauermethode) 70-80 % $Hf_{Reserve}$ (extensive Intervallmethode)
Trainingshäufigkeit pro Woche	2- bis 4-mal
Dauer pro Trainingseinheit	30 Minuten (Rekom) 30-90 Minuten (extensiv Dauermethode) 40-60 Minuten (intensive Dauermethode) 50-60 Minuten (variable Dauermethode) 50 Minuten (extensive Intervallmethode)
Trainingsgeräte	Crosstrainer, Laufband, Fahrrad
Pulsobergrenze nach IPN	150 S/Min, 65 – 75 % $Hf_{Reserve}$

3.1.1 Bestimmung der Trainingsherzfrequenz

Für die Ermittlung der Trainingsherzfrequenz der Kundin wird die Karvonen-Formel verwendet: Trainingsherzfrequenz (THf)= (maximale Herzfrequenz (Hf_{max}) - Ruheherzfrequenz (Hf_{Ruhe})) x Intensität in % + Hf_{Ruhe} (ACSM, 2006, S. 342). Bewusst wurde die Karvonen-Formel zur Errechnung der Trainingsherzfrequenz ausgewählt, da diese den Trainingszustand der Person durch die Ruheherzfrequenz, sowie die altersbedingte maximale Herzfrequenz berücksichtigt und somit einen ziemlich genauen Wert liefert.

Tab.: 6 THf der Kundin nach der Karvonen-Formel (eigene Darstellung).

Intensität	THf nach Karvonen (Fahrrad)	THf nach Karvonen (Laufen etc.)
40 %	111 S/min	119 S/min
45 %	116 S/min	125 S/min
50 %	122,5 S/min	132,5 S/min
55 %	128,25 S/min	139,25 S/min
60 %	134 S/min	146 S/min
65 %	139,75 S/min	152,25 S/min
70 %	145 S/min	159,5 S/min
75 %	151,25 S/min	166,25 S/min
80 %	153 S/min	173 S/min
85 %	162,75 S/min	179,75 S/min
90 %	168,5 S/min	186,5 S/min
95 %	174,25 S/min	193,25 S/min
100 %	180 S/min	200 S/min

3.2 Detailplanung Mesozyklus

Tab.: 7 Detailplanung Mesozyklus Woche 1 (eigene Darstellung).

Woche 1	Montag	Freitag
Trainingsziel	GA 1	GA 1
Trainingsmethode	Extensive Dauermethode	Extensive Dauermethode
Trainingsintensität	55 % Hf$_{Reserve}$	60 % Hf$_{Reserve}$
Herzfrequenz	128 S/min	146 S/min
Trainingsdauer	60 Minuten	45 Minuten
Ausdauergeräte	Fahrrad	Laufband

Tab.: 8 Detailplanung Mesozyklus Woche 2 (eigene Darstellung).

Woche 2	Montag	Mittwoch	Freitag
Trainingsziel	GA 1	GA 2	GA 1
Trainingsmethode	Extensive Dauermethode	Variable Dauermethode	Extensive Dauermethode
Trainingsintensität	55 % Hf$_{Reserve}$	65-75 % Hf$_{Reserve}$	60 % Hf$_{Reserve}$
Herzfrequenz	128 S/min	152-166 S/min	146 S/min
Trainingsdauer	70 Minuten	50 Minuten (5:5)	45 Minuten
Ausdauergeräte	Fahrrad	Crosstrainer	Laufband

Tab.: 9 Detailplanung Mesozyklus Woche 3 (eigene Darstellung).

Woche 3	Montag	Mittwoch	Freitag
Trainingsziel	GA 1	GA 1	GA 2
Trainingsmethode	Extensive Dauermethode	Variable Dauermethode	Intensive Dauermethode
Trainingsintensität	55 % Hf$_{Reserve}$	65-75 % Hf$_{Reserve}$	65-70 % Hf$_{Reserve}$
Herzfrequenz	128 S/min	152-166 S/min	152-159 S/min
Trainingsdauer	90 Minuten	60 Minuten (10:10)	40 Minuten
Ausdauergeräte	Fahrrad	Crosstrainer	Laufband

Tab.: 10 Detailplanung Mesozyklus Woche 4 (eigene Darstellung).

Woche 4	Montag	Mittwoch	Freitag
Trainingsziel	GA 1	GA 2	Rekom
Trainingsmethode	Extensive Dauerme-thode	Intensive Dauerme-thode	Extensive Dauermetho-de
Trainingsintensität	60 % Hf$_{Reserve}$	65-70 % Hf$_{Reserve}$	40 % Hf$_{Reserve}$
Herzfrequenz	134 S/min	152-159 S/min	119 S/min
Trainingsdauer	90 Minuten	60 Minuten	30 Minuten
Ausdauergeräte	Fahrrad	Laufband	Laufband

Tab.: 11 Detailplanung Mesozyklus Woche 5 (eigene Darstellung).

Woche 5	Montag	Mittwoch	Freitag	Sonntag
Trainingsziel	GA 1	GA 1	GA 2	Rekom
Trainingsmetho-de	Extensive Dau-ermethode	Variable Dauerme-thode	Extensive Inter-vallmethode	Extensive Dau-ermethode
Trainingsintensi-tät	60 % Hf$_{Reserve}$	65-75 % Hf$_{Reserve}$	70-80 % Hf$_{Reserve}$	40 % Hf$_{Reserve}$
Herzfrequenz	134 S/min	152-166 S/min	159-173 S/min	119 S/min
Trainingsdauer	90 Minuten	60 Minuten (10:10)	50 Minuten (7:3)	30 Minuten
Ausdauergeräte	Fahrrad	Laufband	Crosstrainer	Laufband

Tab.: 12 Detailplanung Mesozyklus Woche 6 (eigene Darstellung).

Woche 6	Montag	Mittwoch	Freitag	Sonntag
Trainingsziel	GA 1	GA 1/2	GA 2	Rekom
Trainingsme-thode	Extensive Dau-ermethode	Intensive Dauer-methode	Extensive Inter-vallmethode	Extensive Dau-ermethode
Trainingsinten-sität	60 % Hf$_{Reserve}$	70-75 % Hf$_{Reserve}$	70-80 % Hf$_{Reserve}$	40 % Hf$_{Reserve}$
Herzfrequenz	134 S/min	159-166 S/min	159-173 S/min	119 S/min
Trainingsdauer	90 Minuten	60 Minuten	50 Minuten (8:2)	30 Minuten
Ausdauergeräte	Fahrrad	Laufband	Crosstrainer	Laufband

3.3 Begründung zum Mesozyklus

3.3.1 Begründung zum angestrebten wöchentlichen Belastungsumfang

Der wöchentliche Belastungsumfang richtet sich in erster Linie nach dem Modell der Superkompensation. Die erste Trainingswoche beinhalten eine Eingewöhnungsphase mit nur zwei Einheiten und niedrigen Intensitäten, um die Kundin nicht von Beginn an zu überfordern. Eine Veränderung der Belastung nach dem Prinzip der progressiven Belastungssteigerung findet nach der ersten Trainingswoche statt. Hier wird die Trainingshäufigkeit erhöht. Dabei ist nach jeder Ausdauertrainingseinheit mindestens ein Tag Pause vorgesehen, wobei ab der fünften Trainingswoche ein vierter Tag dazu kommt und somit zwischen Sonntag auf Montag kein Tag Pause stattfindet. Dies ist jedoch nicht weiter schlimm., da bewusste ein Rekom-Training für den Sonntag geplant wurde und die Kundin sich somit nicht völlig Ausbelastet und am nächsten Tag ihre nächste Ausdauereinheit absolvieren kann. So kann es nicht zu einem Übertraining oder einem zu früh oder sogar zu spät gesetzten Trainingsreiz kommen.

3.3.2 Begründung zu den ausgewählten Trainingsmethoden

Der oben dargestellte Mesozyklus besteht aus sechs Mikorzyklen.

Zu Beginn des Mesozyklus wird nur mit der extensiven Dauermethode trainiert, um der Kundin ein einsteigerfreundliches Training zu bieten. Die Kundin trainiert mit der extensiven Dauermethode, welche die Ökonomisierung des Herz-Kreislauf-Systems, sowie den Fettstoffwechsel ankurbeln soll (Schnurr, 2003 S. 30. Ab der zweiten Woche kommt ebenfalls noch die variable Dauermethode hinzu, welche dazu dienen soll den Aufbau und der Stabilisierung der Grundlagenausdauer eins herzustellen. Dies dient dazu, um spätere höhere Belastungen erfolgreich absolvieren zu können. Ab der dritten Woche wird noch die intensive Dauermethode mit integriert, um eine Verbesserung der aeroben-anaeroben-Fitness herzustellen. Ab der vierten Woche finden dann nur zwei Einheiten der extensiven und eine Einheit der variablen Dauermethode statt, um noch einmal mehr den Fokus auf den Aufbau der Grundlagenausdauer eins zu legen. In der fünften Woche wird nun eine vierte Trainingseinheit eingeführt, welche das Rekom-Training ist, damit trainiert die Kundin zum einen eine aktive Regeneration nach den vorherigen intensiven Trainingseinheiten hat, wieso den Stressabbau zu fördern. In der sechsten Woche und somit dem sechsten Mikrozyklus wird die vierte Trainingsmethode eingeführt, welche die extensive Intervallmethode ist. Diese Methode wurde ausgewählt, um den Aufbau der Grundlagenausdauer zwei der Kundin aufzubauen und eine Verbesserung der aeroben-anaeroben-Fitness herzustellen (Schnurr, 2003 S. 32).

3.3.3 Begründung zur Belastungsprogression

Die Belastungsgestaltung des Ausdauertrainings wurde versucht so zu gestalten, dass zuerst die Häufigkeit, dann der Umfang und zuletzt die Intensität gesteigert wurde. Durch das Einhalten des Schemas kann sichergestellt werden, dass eine kontinuierliche Belastungssteigerung stattfindet (Schnurr, 2003, S. 17). Jedoch wurde auch des Öfteren die Steigerung der Häufigkeit mit der Steigerung der Intensität kombiniert, um innerhalb der sechs Wochen des Mesozyklus Zeit zu sparen und somit schneller die Ziele zu erreichen.

3.3.4 Begründung zu den angesteuerten Trainingsbereichen

Die Verteilung der Trainingsberieche erfolgt in Grundlagenausdauer 1, Grundlagenausdauer 2 und Rekom-Training und sieht wie folgt aus, das GA 1-Training nimmt 52,63 %, GA 2-Training nimmt 26,31 % und das Rekom-Training 15,79 % der gesamten Trainingseinheiten ein. Das Rekom-Training liegt nach den Vorgaben zur Verteilung der Trainingsbereiche für das Ausdauertraining im Fitness- und Gesundheitssport zu weit Oberhalb der Prozentangabe. Jedoch befindet sich der Aufbau der Trainingsbereiche in einer Pyramidenform und somit sind die Proportionen auf die Ziele und die Leistungsfähigkeit der Kundin abgestimmt.

3.3.5 Begründung der ausgewählten Ausdauergeräte bzw. Bewegungsformen

Zu den ausgewählten Ausdauergeräten zählen das Fahrrad, der Crosstrainer und das Laufband. Das Fahrrad wurde ausgewählt, um den Hollmann-Venrath-Test zur Überprüfung des ersten Trainingsziels nutzen zu können und somit ständig in Übung zu bleiben. Der Crosstrainer und das Laufband haben eine hohe aktive Beteiligung verschiedener Muskelgruppen, was für einen hohen Kalorienverbrauch bekannt ist. Des Weiteren erfordern der Crosstrainer und das Laufband einen hohen koordinativen Anspruch, was dazu führen soll vom Alltag abzuschalten und den Stressabbau zu fördern. Der Crosstrainer ist vom Bewegungsablauf her etwas leichter umzusetzen als das Laufband und dient somit als Mittelmaß des koordinativen Anspruchs während den Trainingseinheiten.

4 Teilaufgabe 4 – Literaturrecherche

4.1 Studie 1

Tab.: 13 Auswertung der Studie „Effekte beim Grundumsatz nach einer Körpergewichtsreduktion durch extensives Ausdauertraining bei schwergewichtigen Frauen und Männern" (eigene Darstellung).

Titel	Effekte beim Grundumsatz nach einer Körpergewichtsreduktion durch extensives Ausdauertraining bei schwergewichtigen Frauen und Männern.
Autor(en) der Studie	Vassilis Anagnostou und Bettina Schaar
Jahr	2010
Versuchspersonen	30 adipöse Personen, wovon 16 Frauen und 14 Männer waren. Kriterien: Alter zwischen 18 und 45 Jahren, BMI mehr als 40 kg/m², keine gesundheitlichen Einschränkungen (Anagnostou V., & Schaar B., 2010 S. 163 f.).
Versuchsaufbau	Vor und nach dem 26-wöchigen Training fanden Untersuchungen statt, um anschließend die Ergebnisse auswerten zu kön8nen. Innerhalb der 26 Wochen fanden 16 Termine je 45-60 Minuten mit einer Trainingsbetreuung statt. Insgesamt sollten die Teilnehmer auf drei Trainingseinheiten pro Woche kommen. Das individuell dosierte submaximale extensive Ausdauertraining legte den Schwerpunkt auf eine aerobe Belastungsform. Die Trainingssteuerung und -kontrolle erfolgte über eine Herzfrequenzmessung, welche elektronisch an die Trainer übermittelt wurden (Anagnostou V., & Schaar B., 2010 S. 164 f.).
Ergebnisse und Schlussfolgerungen	Sowohl die Frauen, als auch die Männer erreichten nach den 26 Wochen eine Reduktion des Körpergewichts und des BMI. Der Grundumsatz bei den Männern sank um circa 200-300 Kilokalorien am Tag. Bei den Frauen blieb der Grundumsatz über die Trainingsphase aufrechterhalten. Die Muskelmasse konnte bei den Männern trotz des Ausdauertrainings aufrechterhalten werden. Bei den Frauen war eine Signifikante Reduktion der absoluten Muskelmasse zu erkennen. Des Weiteren verbesserte sich die maximale Sauerstoffaufnahme bei den Frauen und eine Verbesserung der Herzfrequenz war bei der gesamten Versuchsgruppe zu erkennen (Anagnostou V., & Schaar B., 2010 S. 165 – 167). Allgemein ist zu erkennen, dass bei der gesamten Testgruppe eine Verbesserung der allgemeinen Lebensqualität stattgefunden hat.

4.2 Studie 2

Tab.: 14 Auswertung Studie „Adipokine in Abhängigkeit von Körperkomposition und Fettgewebsdistribution bei Adipositas: eine sportmedizinische Wirkanalyse von Kraft-vs. Ausdauertraining" (eigene Darstellung).

Titel	Adipokine in Abhängigkeit von Körperkomposition und Fettgewebsdistribution bei Adipositas: eine sportmedizinische Wirkanalyse von Kraft-vs. Ausdauertraining.
Autor(en) der Studie	Sebastian Mäuler
Jahr	2006
Versuchspersonen	Insgesamt nehmen 52 Personen an der Studie teil, wovon 27 adipöse Frauen und Männer im Alter zwischen 18 und 67 Jahren zu der Ausdauergruppe gehören und die restlichen 25 Männer und Frauen im Alter zwischen 21 und 58 Jahren zu der Krafttrainingsgruppe gehören (Mäuler, 2006, S. 42 f.).
Versuchsaufbau	Die Ausdauergruppe trainiert 16 Wochen lang drei Mal in der Woche. Innerhalb der ersten vier Wochen absolvieren die Teilnehmer drei Mal ein 40-Minütiges Ausdauertraining nach der Dauermethode auf dem Laufband, Fahrrad oder Crosstrainer. In der fünften bis achten Woche erhöht sich die Reizdauer auf 50 Minuten und ab der neunten Woche trainieren die Teilnehmer nur noch zwei Mal in der Woche nach der Dauermethode mit 60 Minuten inklusive Auf- und Abwärmen und einmal 30 Minuten nach der extensiven Intervallmethode (Mäuler, 2006, S. 59 f.). Die Krafttrainingsgruppe trainiert ebenfalls drei Mal in der Woche. Hier findet ein Ganzkörper- Trainingsplan statt, wobei genaue Angaben zur Wiederholungs- und Satzzahl gegeben sind und mit aufsteigender Wochenzahl angepasst werden (Mäuler, 2006, S. 58 f.).
Ergebnisse und Schlussfolgerungen	Bei beiden Gruppen waren nach der Beendigung des 16- wöchigen Programms Veränderungen zu sehen. Beiden Gruppen erzielten eine Gewichtsreduktion, jedoch war die Reduktion des Taillenumfangs bei der Ausdauergruppe höher und betrug somit eine Reduktion von circa 2,8 Zentimetern (Mäuler, 2006, S 70 f.). Die Ausdauergruppe verbesserte ihre Maximale Sauerstoffaufnahme (VO2max) im Durchschnitt um 27%, sowie die maximale Wattleistung um 20% (Mäuler, 2006, S 99). Allgemein betrachtet kann man auch hier sagen, dass bei der gesamten Testgruppe eine Verbesserung der allgemeinen Lebensqualität stattgefunden hat.

5   Literaturverzeichnis

American College of Sports Medicine. (2006). ACSM's guidelines for Exercise Testing and Prescription (7. ed.). Philadelphia: Lippincott Williams & Wilkins.

Anagnostou, V., & Schaar, B. (2010). Effekte beim Grundumsatz nach einer Körpergewichtsreduktion durch extensives Ausdauertraining bei schwergewichtigen Frauen und Männern. Gesundheit in Bewegung: Impulse aus Geschlechterperspektive, (32), 163-196.   Verfügbar   unter: http://www.schaar-science.de/files/2113/2767/7957/Effekte_beim_Grundumsatz_nach_einer_Krpergewichtsreduktion_durch_extensives_Ausdauertraining_bei_schwergewichtigen_Frauen_und_Mnnern. pdf Letzter Zugriff am: 20.12.2016

Mäueler, S., Zimmermann, E., & Burchert, W. (2006). Adipokine in Abhängigkeit von Körperkomposition und Fettgewebsdistribution bei Adipositas: eine sportmedizinische Wirkanalyse von Kraft-vs. Ausdauertraining. Letzter Zugriff am 20.12.2016

Schurr, S. (2003). Leistungsdiagnostik und Trainingssteuerung im Ausdauersport. BoD–Books   on   Demand.   Verfügbar   unter: https://books.google.de/books?hl=de&lr=&id=MVn-fzug-PMEC&oi=fnd&pg=PA3&dq=trainingsmethoden+im+ausdauersport&ots=9RNWySUID0&sig=mLXdGB-QgSXv4U5kUEezfaQDlsg#v=onepage&q=trainingsmethoden%20im%20ausdauersport &f=false Letzter Zugriff am: 02.01.2017

Trunz, E. (2001). IPN-Test-Ausdauertest für den Fitnessund Gesundheitssport. Institut für   Prävention   und   Nachsorge   Köln.   Verfügbar   unter: https://www.google.de/url?sa=t&rct=j&q=&esrc=s&source=web&cd=1&ved=0ahUKE wiMmJDx7oXRAhUaM1AKHaVeDJoQFggcMAA&url=http%3A%2F%2Fwww.cardi otest.net%2Fdownloads%2FIPN-Test.pdf&usg=AFQjCNE9i-yg-4j5G8bxxU7AVyDyFsWeUg&sig2=PDb7wQUkpfPdy3eYwt-Emw&cad=rja   Letzter Zugriff am: 21.12.2016

http://www.onmeda.de/herz_kreislauf/blutdruck-blutdruckwerte-und-blutdrucktabelle-14531-4.html Letzte Zugriff am 21.12.2016.

6 Tabellenverzeichnis